AF389129

18 Avril 1884.

V

VENTE

AUX ENCHÈRES PUBLIQUES

DE

OBJETS ANCIENS

ARRIVANT DE PROVINCE

MEUBLES ANCIENS

Crédences du XVIᵉ siècle, Meubles divers et Sièges des épopues Henri II, Louis XII et Louis XIV

ANCIENNES FAIENCES ET PORCELAINES

DE ROUEN, MOUSTIERS, MILAN, VENISE, HISPANO-MAURESQUES,
DE SÈVRES ET DE SAXE

Beaux Panneaux et Cadres sculptés

OBJETS DE VITRINE

Émaux, Miniatures, Plaquettes en bronze, Bas-reliefs,
Beaux bijoux des époques Louis XV et Louis XVI.

ANCIENNES TAPISSERIES

HOTEL DROUOT — SALLE Nᵒ 1

Le Vendredi 18 Avril 1884, à 2 heures.

Mᵉ QUÉVREMONT	M. Georges SEMPÉ
COMMISSAIRE-PRISEUR	EXPERT
Rue Richer, nᵒ 46.	58, Rue Saint-Lazare

EXPOSITION PUBLIQUE

Le Jeudi 17 Avril 1884, de une heure 1/2 à 5 heures.

PARIS — 1884

D05...

IMPRIMERIE CHAIX, RUE BERGÈRE, 20. — 10188-4.

DÉSIGNATION

MEUBLES ANCIENS & SIÈGES

1 — Grande Crédence en noyer sculpté à perspective et colonnes cannelées époque xvie siècle.

2 — Petite Vitrine Henri II en noyer finement sculpté à fronton daté 1631 sur une table en noyer à huit pieds.

3 — Meuble à deux corps, à fronton en noyer sculpté époque Henri II.

4 — Vitrine à deux corps en chêne sculpté.

5 — Crédence en chêne à pans, époque xvie siècle.

6 — Table Louis XVI en marqueterie.

7 — Corps du haut d'une petite table en marqueterie. de paille ornée du portrait de Louis XVI et de Marie-Antoinette.

8 — Bureau en marqueterie de Boule Louis XVI démonté.

9 — Petite Table en noyer sur son pied tourné époque Louis XIII.

10 — Grand Bureau plat orné de bronzes dorés Empire.

11 — Grande Cheminée sculptée époque Louis XIII.

12-13 — Deux cabinets bois sculpté époque Louis XVI.

14 — Marchepied en noyer époque Louis XIII.

15 — Grand Banc en chêne sculpté époque xvᵉ siècle.

16 — Coffre François Iᵉʳ noyer sculpté.

17 — Autre Coffre de même époque.

18 — Coffre gothique en chêne.

19 — Table Louis XIII à balustres.

20 — Table à ouvrage Louis XVI.

21 — Guéridon Louis XVI.

22-27 — Six Chaises Louis XIII à dossiers sculptés et
     marquetés.

28-29 — Deux Fauteuils du XVᵉ siècle en noyer sculp-
     té couverts en tapisserie au point.

30-35 — Six Chaises Louis XIII en noyer sculpté.

36-37 — Deux Fauteuils d'angle cannés, sculptés à fleurs
     de lys.

38 — Bergère Louis XV à oreilles en noyer.

39-40 — Deux Fauteuils sculptés Louis XVI.

41 — Bergère en noyer finement sculpté, époque
     Louis XV.

42-43 — Deux Chaises à médaillons, époque Louis XVI.

44 — Beau Fauteuil noyer sculpté, époque Louis XV.

45-46 — Petite Chaise en noyer, époque Henri II.

47 — Six bois de Chaises en noyer, époque Louis XIII
     (sera divisé).

48 — Fauteuil en noyer, époque Louis XIII.

49 — Petite Chaise cannée, époque Louis XII.

BOIS SCULPTÉS
CADRES, PANNEAUX, ETC.

50-51 — Deux très beaux Panneaux bois sculpté à jour et doré, formés de deux enfants soutenant un écusson, époque Louis XV.

52 — Soufflet bois sculpté, époque Louis XIV.

53 — Panneau Tête de femme, XVIe siècle.

54 — Panneau Tête de guerrier et ornements, XVIe siècle.

55 — Panneau, Hercule, XVIe siècle.

56 — Panneau Henri III, ornements très fins.

57 — Bas-Relief rond, en ébène, époque Louis XIII.

58 — Trois mascarons bois sculpté, têtes de lions.

59 — Panneau sculpté, tête d'ange.

60 — Frise bois sculpté Louis XIV.

61 — Panneau sculpté en relief.

62 — Frise en bois sculpté, époque Louis XIV.

63 — Médaillon ovalé en long, acajou, époque Louis XVI.

64 — Deux colonnes bois cannelées avec leur chapiteaux.

65 — Fronton de cadre, époque Louis XIV.

66 — Paire de torchères en bois sculpté, époque Louis XIII.

67 — Quatre petites colonnettes bois sculpté à chapiteaux, époque XVIe siècle.

68 — Statuettes en bois sculpté, « Le Temps, » époque Louis XIII.

69 — Grande Vierge et enfant en bois, époque XV⁰ siècle.

70 — Cadre ovale, bois sculpté et doré à fleurs, époque Louis XIV.

71 — Cadre carré, même travail, même époque.

72 — Grand cadre carré, époque Louis XVI, chêne doré.

73 — Grande glace bois sculpté, à guirlandes de fleurs, Louis XVI.

74 — Petit cadre bois sculpté Louis XIV.

75 — Petit Cadre bois sculpté, époque Louis XIV.

76 — Grand Panneau avec Satyre en haut relief et enroulement de fruits et de fleurs, époque xvi⁰ siècle.

77 — Panneau Enfants jouant de la flûte, ornements de guirlandes de fleurs, époque xvi⁰ siècle.

78-79 — Deux grands Panneaux ornés de nombreux Médaillons de guerriers et femmes avec ornements et animaux chimériques, époque xv⁰ siècle.

80 — Devant de Coffre gothique.

81 — Devant de Coffre Renaissance.

PIERRES — MARBRES
TERRES CUITES

82 — Très belle Statue de Vierge en pierre finement sculptée, avec un magnifique costume du xv⁰ siècle.

83 — Curieuse Statue de guerrier en pierre peinte du xiv⁰ siècle.

84 — Statue de Saint en marbre, époque xvᵉ siècle.

85 — Grande Statue en pierre, Vierge, xvᵉ siècle.

86-87 — Deux Fûts de colonnes en pierre, époque xvɪᵉ siècle.

88 — Statuette de Saint assis, en marbre, époque xvᵉ siècle.

89 — Statuette de Vierge entourée d'Anges, en marbre, époque xvɪᵉ siècle.

90 — Socle en pierre aux armes de Montmorency.

91 — Bas-Relief en albâtre « la Passion », peint et doré, époque xvᵉ siècle.

92 — Bas-Relief en marbre blanc, travail très fin, époque xvɪᵉ siècle.

93 — Bas-Relief en marbre blanc, ovale, la Source, éqoque Louis XIV.

94 — Buste d'Homme en marbre, époque xvɪᵉ siècle.

95 — Buste de Femme en marbre, époque Louis XIV.

96 — Petit vase en granit gris.

97 — Statuette en terre cuite, Amour bandant son arc, fin Louis XVI.

98 — Groupe en terre cuite représentant l'Amour et la Fidélité, beau travail de l'époque Louis XVI.

99 — Statuette grotesque en terre cuite peinte époque Louis XIV.

CURIOSITÉS DIVERSES

100-101 — Deux grands braseros en cuivre repoussé, gravé et repercé avec leurs plateaux et xvɪᵉ siècle.

102 — Grand groupe en Saxe, le char d'Apollon.

103-104 — Deux encriers en grès émaillé.

105 — Petit cadre verre de Venise.

106 — Biscuit doré sur socle en bois sculpté époque Louis XVI.

107 — Cinq Carreaux en faïence hispano-arabe.

108 — Quatre assiettes patriotiques.

109 — Grande Jardinière Wedgwood jaspé.

110 — Poule couveuse en faïence polychrome.

111 — Gourde en terre émaillée.

112 — Plat Rouen polychrome.

113 — Potence en fer forgé formée d'une Chimère.

114 — Deux Chenets en fer forgé.

115 — Ferrure de Meuble style Henri II.

116 — Trépied en fer forgé Louis XIII.

117-118 — Deux paires de Chenets Louis XIII fer forgé.

119 — Six Brocs en étain (sera divisé).

120-121 — Deux paires de Potiches en faïence de Delft, dessin bleu.

122 — Deux Candélabres à douze lumières, bronze doré.

123 — Plats en ancienne faïence de Milan.

124 — Lot d'anciennes faïences françaises (sera divisé).

125 — Deux Flambeaux en cuivre Louis XIV.

126 — Violon ancien.

127 — Mandoline ancienne.

128 — Tambourin de Provence.

129 — Trompe en cuivre XVIe siècle.

OBJETS DE VITRINE

130 — Petit flacon en or finement ciselé à jour, relié par une chaînette à une bague en or de l'époque Louis XV.

131 — Huilier en argent ciselé vieux Paris époque Louis XIV.

132 — Trois couteaux et trois fourchettes, manche en faïence de Rouen, époque Louis XV.

133 — Très bel émail attribué à Petitot, portrait du marquis de Créqui.

134 — Conque en nacre gravée avec inscriptions.

135 — Boussole en ivoire xvie siècle.

136 — Boussole en cuivre gravé, dans son écrin xvie siècle.

137-138 — Deux coupes en verre de Venise, émaillé à couleurs, soutenues par des dauphins xvie siècle.

139 — Très belle poudrière ronde, en bois incrustée de nacre et d'ivoire xvie siècle.

140 — Autre même travail et même époque.

141 — Aiguière en verre de Venise irisé.

142 — Petite tête d'homme en bois sculpté xvie siècle.

143 — Deux petits livres en bois sculpté époque xvie siècle.

144 — Beau miroir à main en nacre sculptée et gravée xvie siècle.

145 — Trépied en bronze doré formant cassolette époque Louis XVI.

146 — Monture ronde de vase en bronze doré, époque Louis XIV.

147 — Support en bronze doré formé d'un Amour tenant une guirlande, fin Louis XVI.

148 — Deux chutes appliques, en bronze doré finement ciselé, époque Louis XVI.

149-150.—Deux Porte-Montre en bronze finement ciselé et doré, à guirlandes de roses, le médaillon central est en argent repoussé.

151 — Deux petites Poignées en bronze doré formées de guirlandes de fleurs, époque Louis XVI.

152 — Beau Bouton de porte bronze doré et ciselé époque Louis XVI.

153 — Bouton de porte bronze doré époque Louis XV.

154 — Double Bouton de porte bronze doré époque Louis XV.

155 — Garniture de serrure bronze doré époque Louis XV

156 — Bouton de porte bronze époque Louis XV.

157 — Clef en bronze doré époque Louis XIV.

158 — Applique en bronze doré aux armes de France.

159 — Espagnolette en bronze époque Louis XV.

160 — Petite Tête d'homme en bronze.

161 — Trois Crochets à têtes de lions bronze xvie siècle.

162 — Entrée en cuivre xvie siècle.

163 — Deux Ferrures de portes, à jour, époque xve siècle.

164 — Bouton de porte en fer xvi⁰ siècle.

165 — Bouton de porte en fer époque Louis XVI.

166 — Deux Poignées de meubles en fer époque Louis XVI.

167 — Cachet fleur de lys époque xiv⁰ siècle.

168 — Entrée de meuble fer gravé xvi⁰ siècle.

169 — Petite Statuette d'Amour en bois époque xvi⁰ siècle.

170 — Petite Statuette, femme couchée, en pierre de Laar dans une vitrine en ébène.

171 — Lot de six petites Statuettes en bronze de diverses époques (sera divisé).

172 — Brosse en marqueterie époque Louis XIII.

173 — Deux Pommes de lit en bronze doré et ciselé Louis XV.

174 — Deux Sabots de commode en bronze époque Louis XV.

175 — Quatre Entrées en bronze ciselé époque Louis XIV.

176 — Trois Entrées en bronze ciselé époque Louis XV.

177 — Petit Marteau en bronze.

178 — Deux Bas-Relief d'applique en bronze, Satyres entourant une urne, époque Louis XVI.

179 — Bas-Relief bronze portrait d'Henri IV.

180 — Petit Amour bronze doré, époque Louis XIII.

181 — Lot de Bijoux anciens (sera divisé).

TABLEAUX ET GRAVURES

182 — Grand Tableau gothique sur panneau, cadre noir.

183 — Grand Tableau décoratif attribué à Panini.

184 — Grand Tableau décoratif pendant du précédent.

185 — Tableau école hollandaise.

186 — Tableau paysage.

187 — Portrait d'homme époque Louis XVI cadre bois
       sculpté et doré.

188 — Dessus de porte, Enfant à cheval sur un dau-
       phin, époque Louis XVI.

189 — Portrait d'homme, époque Louis XIII.

190 — Grand Tableau, Danaé (d'après le Titien).

191 · Gravure en couleur, le Repas des Moissonneurs.

192 — Gravure anglaise en couleur, Matrimonial har-
       monies.

193 — Dessin à la plume, Intérieur de la Bastille.

TAPISSERIES
ÉTOFFES ANCIENNES

194 — Fort lot de gravures anciennes (sera divisé).

195 — Grande Tapisserie à personnages ornée de très
      belles bordures à médaillons époque XVIᵉ siècle.

196 — Autre Tapisserie à grands personnages, belles
      bordures fleurs et fruits XVIᵉ siècle.

197 — Tapisseries gothiques semis de fleurs.

198 — Tapisserie à personnages avec ses quatre bordures époque XVIe siècle.

199 — Deux Portières verdures.

200 — Grande Tapisserie jeux d'enfants époque Louis XIII avec ses bordures.

201 — Grande Tapisserie verdure.

202 — Très beau Tapis au point fleurs, animaux et ornements, riche composition du XVIe siècle.

203 — Petit Tapis en brocart.

204 — Lot d'étoffes brodées XVIe siècle.

205 — Lot de franges des XVIe et XVIIe siècles.

206 — Cordelières et glands en soie anciens.

PARIS. — IMPRIMERIE CHAIX, 20, RUE BERGÈRE. — 10186-4.

www.ingramcontent.com/pod-product-compliance
Lightning Source LLC
LaVergne TN
LVHW020852200726
843508LV00003B/1168